Una ayuda para nuestro mundo

por Michele Spirn

Scott Foresman
is an imprint of

PEARSON

Glenview, Illinois • Boston, Massachusetts • Chandler, Arizona
Upper Saddle River, New Jersey

Photographs

Every effort has been made to secure permission and provide appropriate credit for photographic material. The publisher deeply regrets any omission and pledges to correct errors called to its attention in subsequent editions.

Unless otherwise acknowledged, all photographs are the property of Pearson Education, Inc.

Photo locators denoted as follows: Top (T), Center (C), Bottom (B), Left (L), Right (R), Background (Bkgd)

CVR Jose Luis Pelaez, Inc./Corbis; **1** Richard Hutchings/PhotoEdit, Inc.; **4** ©Leland BobbŽ/ Corbis; **5** ©ONOKY - Photononstop/Alamy; **6** ©GoGo Images Corporation/Alamy; **7** Richard Hutchings/PhotoEdit, Inc.; **8** Jose Luis Pelaez, Inc./Corbis

ISBN 13: 978-0-328-47537-7
ISBN 10:   0-328-47537-8

2 3 4 5 6 7 8 9 10 V010 18 17 16 15 14 13 12 11 10

Tú puedes ayudar a nuestro mundo.

Puedes ayudar de muchas maneras.

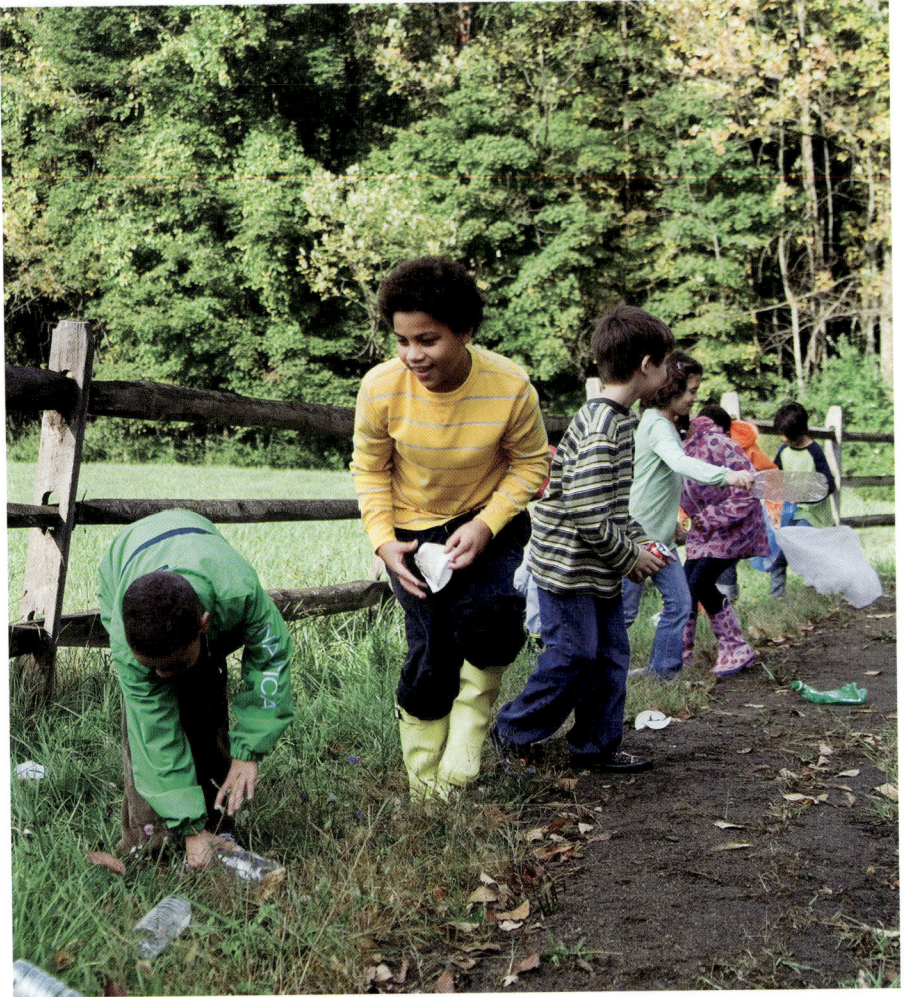

Tú puedes ayudar a tener un mundo más limpio.
Puedes recoger tu basura.

Tú puedes ayudar a nuestro mundo a ahorrar agua. Cierra el grifo del agua si no la necesitas.

Tú puedes ayudar a nuestro mundo a ahorrar energía. Apaga la televisión cuando no la estés viendo.

Camina a la escuela si puedes.
Usa tu bicicleta cuando puedas.
Esto ahorrará energía y
mantendrá el aire limpio.

Planta un árbol.

Los árboles limpian el aire.

Tú pudes ayudar a nuestro
mundo de muchas maneras.